Donald Trump

Grace Hansen

ABDO
BIOGRAFÍAS DE LOS PRESIDENTES
DE LOS ESTADOS UNIDOS
Kids

abdopublishing.com

Published by Abdo Kids, a division of ABDO, PO Box 398166, Minneapolis, Minnesota 55439.

Copyright © 2017 by Abdo Consulting Group, Inc. International copyrights reserved in all countries. No part of this book may be reproduced in any form without written permission from the publisher.

Printed in the United States of America, North Mankato, Minnesota.

102016

012017

 THIS BOOK CONTAINS RECYCLED MATERIALS

Spanish Translator: Maria Puchol

Photo Credits: Alamy, AP Images, Getty Images, iStock, Shutterstock, Thinkstock, ©Carrienelson1 p.Cover / Dreamstime.com, ©Seth Poppel p.7,9 / Yearbook Library, ©stock_photo_world p.17 / Shutterstock.com

Production Contributors: Teddy Borth, Jennie Forsberg, Grace Hansen

Design Contributors: Laura Mitchell, Dorothy Toth

Publisher's Cataloging-in-Publication Data

Names: Hansen, Grace, author.

Title: Donald Trump / by Grace Hansen.

Other titles: Donald Trump. Spanish

Description: Minneapolis, MN : Abdo Kids, 2017. | Series: Biografías de los
   presidentes de los Estados Unidos | Includes bibliographical references and index.

Identifiers: LCCN 2016959859 | ISBN 9781624029363 (lib. bdg.) |
   ISBN 9781624029387 (ebook)

Subjects: LCSH: Trump, Donald, 1946- --Juvenile literature. | Presidents--
   United States--Biography--Election, 2016--Juvenile literature. | Spanish language materials--
   Juvenile literature.

Classification: DDC 973.929/092 [B]--dc23

LC record available at http://lccn.loc.gov/2016959859

Contenido

Los primeros años

Donald John Trump nació el 14 de junio de 1946. Pasó toda su infancia en Queens, Nueva York.

Nueva York

Donald tuvo cuatro hermanos. Era **atrevido** y estaba lleno de energía. Sus padres tuvieron que orientarlo en la dirección correcta. Lo enviaron a una escuela secundaria militar.

7

Poco tiempo después Donald se convirtió en líder estudiantil y gran atleta. Se graduó en 1964. Más tarde estudió finanzas en la escuela Wharton de la que se graduó en 1968.

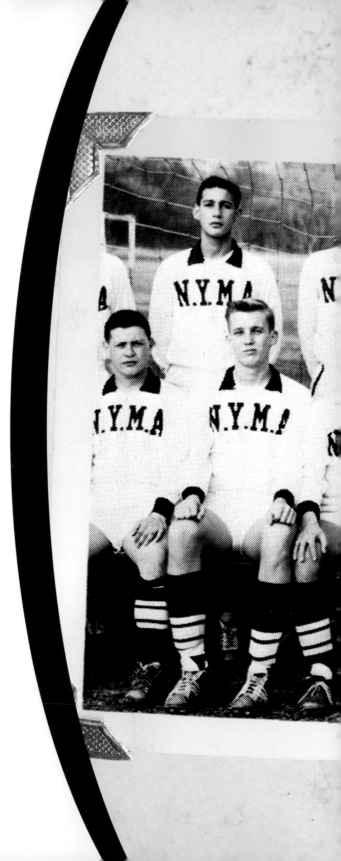

Trump se unió a su padre en su negocio de **bienes raíces**. Y en 1971 Donald se hizo cargo de la compañía de su padre. Le cambió el nombre a "Trump Organization".

Familia

Trump tiene cinco hijos. Tres de ellos le ayudan a dirigir su compañía. Se casó con su esposa Melania en el año 2005.

13

Trump era muy conocido en los negocios de **bienes raíces**. Pero también se convirtió en un **personaje famoso** al presentar el programa "The Apprentice". Fue **productor** de este programa desde el año 2004 hasta el 2015.

En el año 2015 Trump se postuló a la presidencia. Compitió contra otros 16 candidatos del partido **republicano**. Ganó la **candidatura** en julio de 2016.

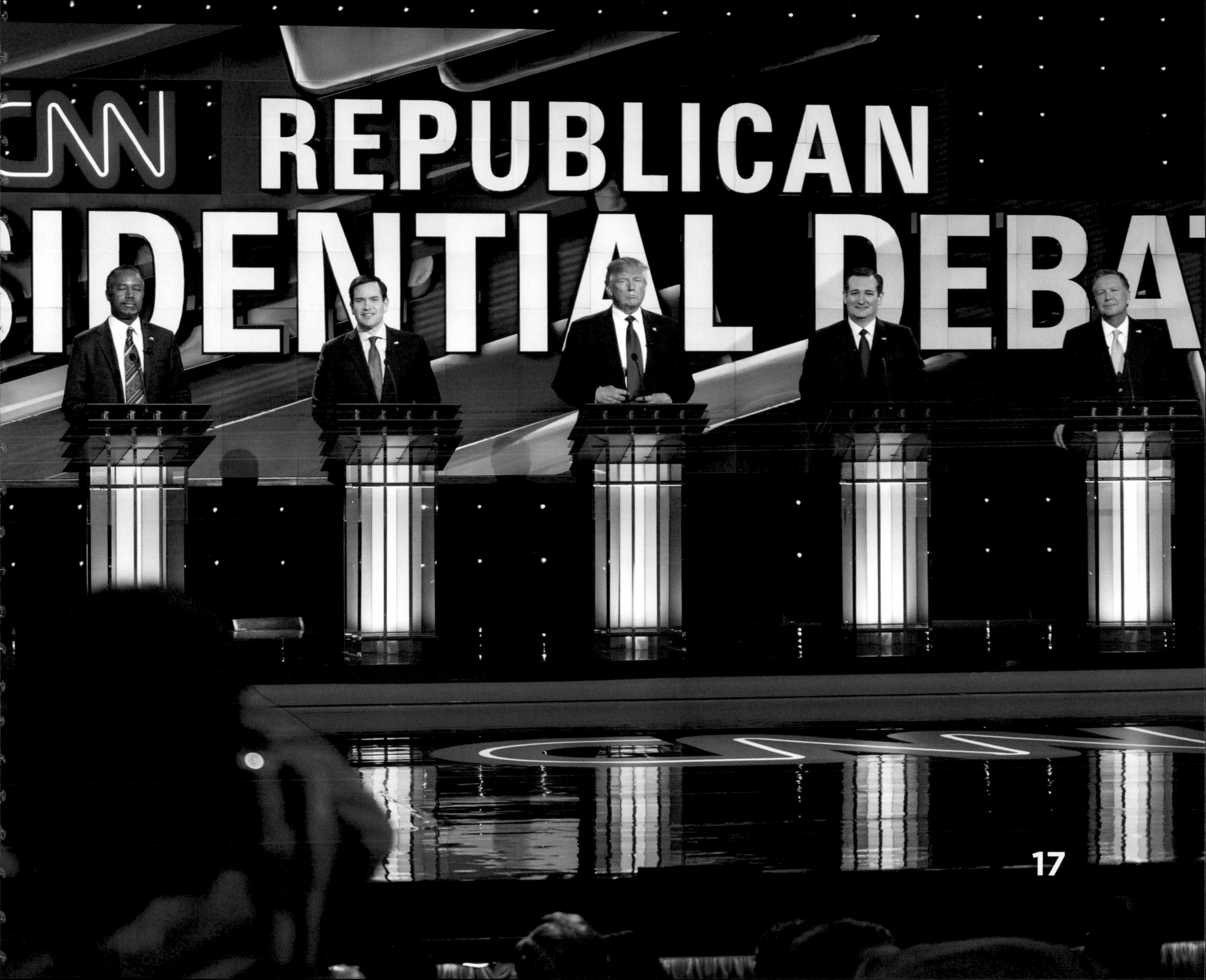
CNN REPUBLICAN
SIDENTIAL DEBAT

Candidato a presidente

Su contrincante era Hillary Clinton. La elección estuvo reñida hasta el final.

18

El 8 de noviembre de 2016 fue un día histórico. Trump fue elegido el 45º presidente de los Estados Unidos. Con su gran **ambición**, en menos de 18 meses pasó de ser hombre de negocios a presidente del país.

Más datos

- Trump tiene una estrella en el Paseo de la Fama de Hollywood por su trabajo en el programa "The Apprentice" del canal NBC.

- Trump ya había considerado postularse para presidente en el año 2000.

- Trump es el primer presidente de los Estados Unidos que no viene de la carrera política ni militar.

Glosario

ambición – fuerte deseo de hacer algo.

atrevido – estar muy seguro de uno mismo, tanto que puede parecer de mala educación.

bienes raíces – negocio de ventas de tierras y edificios.

candidatura – acto formal de elección donde se elige el candidato para un cargo.

personaje famoso – muy conocido por el público.

producir – supervisar todos los aspectos de un programa de televisión.

republicano – miembro del Partido Republicano, quienes creen en una intervención limitada del gobierno federal.

Índice

abdokids.com

¡Usa este código para entrar en abdokids.com y tener acceso a juegos, arte, videos y mucho más!

Código Abdo Kids:
PTK9398